B*** (Baronne de)

1891. Mars. 21

VENTE APRÈS DÉCÈS

DE

Madame la Baronne de B***

COLLECTION DU CHATEAU DE CUEILLY

TABLEAUX ANCIENS

HOTEL DROUOT, SALLE N° 8

Le Samedi 21 Mars 1891

A DEUX HEURES ET DEMIE

EXPOSITION PARTICULIÈRE	EXPOSITION PUBLIQUE
Le Jeudi 19 Mars	Le Vendredi 20 Mars

DE UNE HEURE ET DEMIE A CINQ HEURES ET DEMIE

COMMISSAIRE-PRISEUR :	EXPERTS :
Mᵉ GEORGES DUCHESNE	MM. HARO FRÈRES
Successeur de Mᵉ Escribe	PEINTRES-EXPERTS
6, rue de Hanovre	14, rue Visconti, et 20, rue Bonaparte

1891

4335. — LIBRAIRIES-IMPRIMERIES RÉUNIES, RUE MIGNON, 2, PARIS.

CATALOGUE

DES

TABLEAUX ANCIENS

COMPOSANT LA

COLLECTION DU CHATEAU DE CUEILLY

DONT

LA VENTE APRÈS LE DÉCÈS

DE

Madame la Baronne de B***

AURA LIEU

HOTEL DROUOT, SALLE N° 8

Le Samedi 21 Mars 1891

A DEUX HEURES ET DEMIE

Exposition Particulière	Exposition Publique
Le Jeudi 19 Mars	Le Vendredi 20 Mars

DE UNE HEURE ET DEMIE A CINQ HEURES ET DEMIE

COMMISSAIRE-PRISEUR :	EXPERTS :
Me GEORGES DUCHESNE	MM. HARO Frères
Successeur de Me Escribe	PEINTRES-EXPERTS
6, rue de Hanovre	14, rue Visconti, et 20, rue Bonaparte

1891

CE CATALOGUE SE DISTRIBUE

A PARIS, CHEZ

Me GEORGES DUCHESNE	MM. HARO FRÈRES
COMMISSAIRE-PRISEUR	14, rue Visconti, et 20, rue Bonaparte
6, rue de Hanovre	PEINTRES-EXPERTS

Conditions de la vente

Elle sera faite au comptant.

Les acquéreurs payeront *cinq pour cent* en plus du prix d'adjudication.

TABLEAUX

BOSCH

1 — Le Géographe.

2 — L'Atelier de sculpteur.

Pendant du précédent.

T. — H., 0m,70. L., 0m,85.

BOTH

3 — Le Passage du gué.

Signé à droite.

B. — H., 0m,53. L., 0m,71.

4 — Paysage. Bords du lac.

Signé à gauche.

B. — H., 0m,44. L., 0m,60.

BRAUWER (Attribué à)

5 — Le Joueur de flûte.

B. — H., $0^m,26$. L., $0^m,31$.

COQUES (Gonzalès)

6 — Portraits d'un riche Armateur et de sa Femme.

Vêtu de noir, il est assis, à droite, auprès d'une table sur laquelle sont posés ses livres, son cachet et des coquillages, et tient à la main une lettre.

A gauche, sa femme, vêtue de noir également, un éventail à la main, s'avance vers lui.

Fond de riche habitation avec escalier.

B. — H., $0^m,57$. L., $0^m,61$.

COQUES (Gonzalès — Attribué à)

7 — Portrait d'Homme.

Cuivre. — H., $0^m,11$. L., $0^m,75$.

DEELEN (Van)

8 — Saint Joseph et la Vierge ramenant l'Enfant Jésus du Temple.

Figures de Poelenburg.

Signé à droite au-dessus d'un chapiteau de colonne.

B. — H., $0^m,51$. L., $0^m,45$.

DUGHET, *dit* LE GUASPRE POUSSIN

9 — Paysage avec figures et animaux.

Au premier plan, une bergère cause avec un berger qui joue de la flûte. Plus loin, des ruines et des fabriques.

T. — H., $0^m,61$. L., $0^m,70$.

10 — Paysage avec figures et animaux.

T. — H., $0^m,61$. L., $0^m,74$.

EECKHOUT (Van)

11 — Le Christ au Jardin des Oliviers.

Signé à droite et daté 1665.

T. — H., $0^m,49$. L., $0^m,62$.

FRANCK

12 — Le Calvaire.

Le Christ est étendu sur la croix entre les deux larrons ; un des bourreaux va lui présenter l'éponge imbibée de vinaigre. Au pied de la croix, les Saintes Femmes, et des soldats à cheval revêtus d'armures.

B. — H., $1^m,03$. L., $0^m,72$.

GILLEMANS

13 — Fruits.

Une guirlande de fruits des plus variés est posée auprès d'une fontaine sur laquelle s'est perché un perroquet. — Fond de paysage.

T. — H., 0^m,60. L., 0^m,82.

GOSSAERT (Jean Mabuse — Attribué à)

14 — La Vierge et l'Enfant Jésus.

La Vierge est dans un palais, devant un trône à colonnes richement ornées. A droite et à gauche, par les baies, on aperçoit la campagne inondée de lumière.

B. — H., 0^m,51. L., 0^m,37.

GUIDO RENI (Attribué à)

15 — L'Enfant Jésus.

T. — H., 0^m,36. L., 0^m,28.

HEEMSKERK

16 — La Dispute. Scène de cabaret.

Signé sur le tabouret renversé à droite.

T. — H., 0^m,43. L., 0^m,52.

HOREMANS

17 — Le Concert.

T. — H., 0m,51. L., 0m,59.

KAREL DU JARDIN (Attribué à)

18 — Paysage avec figure et animaux.

Une bergère assise à gauche, filant sa quenouille en gardant son troupeau. A droite, au premier plan, plusieurs moutons.

T. — H., 0m,44. L., 0m,65.

LANTARA

19 — Clair de Lune. Paysage.

B. — H., 0m,13. L., 0m,16.

LE DOMINIQUIN (ZAMPIERI *dit*) (Attribué à)

20 — David chantant les Psaumes.

T. — H., 0m,48. L., 0m,85.

QUENTIN MATSYS (École de)

21 — Tête de Christ.

B. — H., 0^{m},12. L., 0^{m},23.

MIERIS (D'après)

22 — La Réponse.

Une jeune femme en déshabillé d'intérieur répond à une lettre qu'elle vient de recevoir.

B. — H., 0^{m},58. L., 0^{m},45.

MOLENAER

23 — Le Charlatan.

Sur la place d'un village, un charlatan vend aux paysans assemblés. Au premier plan, un marchand de gâteaux entouré d'enfants.

T. — H., 0^{m},61. L., 0^{m},71.

MOTTEZ (Victor) — (D'après REMBRANDT)

24 — L'ange Raphaël quittant Tobie.

T. — H., 0^{m},69. L., 0^{m},55.

OMMEGANCK

25 — Le Passage du gué.

B. — H., 0m,38. L., 0m,50.

OSTADE (D'après)

26 — Intérieur de cabaret.

B. — H., 0m,25. L., 0m,20.

PALAMÈDES (A.)

27 — Un Corps de garde.

Au premier plan, un trompette assis sur une caisse: auprès de lui, le capitaine. Plus loin, divers soldats auprès d'une femme et de son enfant.

Signé à gauche et daté.

B. — H., 0m,40. L., 0m,50.

28 — Le Mauvais Fils.

Deux vieux parents viennent voir leur fils qu'ils trouvent en joyeuse compagnie. Le mauvais fils et sa femme les reçoivent en leur disant qu'ils n'ont rien pour eux.

Signé à droite.

B. — H., 0m,55. L., 0m,69.

REMBRANDT (École de)

29 — La Fuite en Égypte.

Pendant la nuit. La Vierge, tenant l'Enfant Jésus et montée sur l'âne, est accompagnée par saint Joseph qui les éclaire avec une lanterne.

Peinture très vigoureusement traitée dans la manière de Rembrandt, qui fait penser aux peintres du dix-huitième siècle imitant les anciens.

B. — H., 0^m,66. L., 0^m,55.

ROTTENHAMMER

30 — Ecce homo.

Le Christ, les mains liées, couronné d'épines, est présenté par Pilate du haut du balcon de son palais. Au premier plan, une foule agitée se presse en se montrant le Christ. A gauche, plusieurs personnes montées sur le fût d'une colonne. Au fond, à droite, on voit le Christ portant sa croix rencontré par sainte Véronique, et au fond, le Calvaire.

Ce précieux tableau, animé d'une multitude de figures très finement peintes, peut passer pour un des plus beaux spécimens du maître.

B. — H., 0^m,22. L., 0^m,28.

RUBENS (École de)

31 — Saint Sébastien.

Le paysage est remarquablement peint.

B. — H., 0^m,25. L., 0^m,23.

RUYSDAEL

?

32 — Le Pont.

Un berger, suivant la route descendant d'une éminence boisée, fait passer son troupeau sur les planches disjointes formant pont jeté sur un ruisseau dont les eaux vont se perdre dans la rivière que l'on aperçoit à gauche.

Signé à gauche et daté 1641.

B. — H., 0m,49. L., 0m,65.

RUYSDAEL — (Attribué à)

33 — Paysage.

B. — H., 0m,18. L., 0m,17.

SCHALKEN

34 — Le Rendez-vous.

Un jeune cavalier poursuit une servante qui tient à la main une lanterne allumée.

B. — H., 0m,30. L., 0m,21.

SEGHERS (Daniel) *dit* LE JÉSUITE D'ANVERS

35 — La Vierge et l'Enfant Jésus entourés d'une guirlande de fleurs.

Signé à gauche.

T. — H., 0m,93. L., 0m,68.

SNYDERS

36 — L'Étal de poissons.

Sur une table sont déposés pêle-mêle toutes sortes de poissons de mer, homards, tourteaux, esturgeons, etc. A terre, une bassine de cuivre remplie d'eau avec des carpes, brochets et un panier d'huîtres. Un chat guette une anguille qui s'échappe d'un baquet.

Auprès de la muraille sont pendus des morceaux de saumon et des harengs.

Signé à droite et daté 1647.

T. — H., 1m,85. L., 1m,17.

TÉNIERS

?

37 — La Danse.

B. — H., 0m,45. L., 0m,58.

TÉNIERS (Attribué à)

38 — Les Pèlerins.

B. — L., 0m,19. H., 0m,12.

TÉNIERS (D'après)

39 — L'Alchimiste.

T. — H., 0m,57. L., 0m,72.

40 — Le Buveur.

B. — H., 0m,19. L., 0m,17.

41 — La Tentation de saint Antoine.

B. — H., 0m,29. L., 0m,21.

VAN GOYEN (École de)

42 — Les Bords de la Meuse.

B. — H., 0m,41. L., 0m,65.

VERBRUGGEN (Gaspard)

43 — Bouquet de fleurs.

Dans un vase de cristal posé sur une table, un bouquet de fleurs diverses.

Signé à droite et daté 1695.

T. — H., 0^m,82. L., 0^m,65.

VERNET (École de)

44 — Marine.

B. — H., 0^m,27. L., 0^m,33.

45 — Marine.

Pendant du précédent.

B. — H., 0^m,26. L., 0^m,34.

VLIEGER (Simon de)

46 — Le Coup de vent. Marine.

Au premier plan, un bateau pêcheur; plus loin, à droite, un navire. Mer agitée, ciel nuageux.

Signé du monogramme à droite sur une épave.

B. — H., 0^m,51. L., 0^m,70.

WATTEAU (Louis)

dit WATTEAU DE LILLE

47 — Le Puits.

Signé du monogramme à droite.

B. — H., 0m,09. L., 0m,11.

48 — La Ferme.

Pendant du précédent.

B. — H., 0m,09. L., 0m,11.

ZUCCARELLI

49 — Le Départ pour le marché.

Une jeune femme montée sur un cheval, conduisant des moutons, est accompagnée par un voyageur. A droite, un pont sur la rivière traversé par des personnages.

T. — H., 0m,54. L., 0m,69.

50 — Paysage avec figures et animaux.

Pendant du précédent.

T. — H., 0m,54. L., 0m,69.

ÉCOLE HOLLANDAISE

51 — La Naissance de la Vierge.

Au premier plan, la Vierge tenue par des femmes qui apprêtent une bassine ; plus loin, dans un grand lit à baldaquin, sainte Anne entourée de femmes de service.

T. — H., $0^m,58$. L., $0^m,52$.

Ce très curieux tableau est signé d'un monogramme entrelacé, divisé en deux parties, peint sur les colonnes qui encadrent la composition. Suivant certains auteurs, cette marque appartiendrait à un artiste qui vivait dans les premières années du seizième siècle, dont la manière rappelle celle de Lucas de Leyde. — Un tableau du musée de Berlin : *le Jugement de Salomon*, porte ce même monogramme avec la date de 1528. A l'Hôtel de Ville de Louvain il y a, paraît-il, plusieurs tableaux portant ce monogramme.

ÉCOLE FLAMANDE

52 — Intérieur de ferme.

T. — H., $0^m,38$. L., $0^m,44$.

53 — Saint Jean.

Cuivre. — H., $0^m,24$. L., $0^m,12$ 1/2.

ÉCOLE ITALIENNE

54 — Bacchanale.

T. — H., $0^m,20$. L., $0^m,30$.

1335. — Librairies-Imprimeries réunies, rue Mignon, 2, Paris.

Vente par suite du décès de Mme la baronne de B***

CARTE D'ENTRÉE

POUR VISITER LA

Collection du Château de Cueilly

TABLEAUX ANCIENS

Exposition particulière

HOTEL DROUOT, SALLE N° 8

Le Jeudi 19 Mars 1891

DE UNE HEURE ET DEMIE A CINQ HEURES ET DEMIE

VENTE : LE SAMEDI 21 MARS 1891

Me G. DUCHESNE
COMMISSAIRE-PRISEUR

MM. HARO Frères
PEINTRES-EXPERTS

4537. — Lib.-Imp. réunies.

www.ingramcontent.com/pod-product-compliance
Ingram Content Group UK Ltd.
Pitfield, Milton Keynes, MK11 3LW, UK
UKHW020539180726
13839UKWH00006B/2598